W9-AAK-807

Caliente, más caliente, muy caliente

Animales que se adaptan a climas calientes

Hot, Hotter, Hottest

Animals That Adapt to Great Heat

por/by Michael Dahl

ilustrado por/illustrated by Brian Jensen

PICTURE WINDOW BOOKS
a capstone imprint

Thanks to our advisers for their expertise, research, and advice:

Dr. James F. Hare, Associate Professor of Zoology
University of Manitoba
Winnipeg, Manitoba

Susan Kesselring, M.A., Literacy Educator
Rosemount-Apple Valley-Eagan (Minnesota) School District

Editor: Christianne Jones
Translation Services: Strictly Spanish
Story Consultant: Terry Flaherty
Designer: Nathan Gassman
Bilingual Book Designer: Eric Manske
Production Artist: Danielle Ceminsky
Page Production: Picture Window Books
The illustrations in this book were created with pastels.

Picture Window Books
A Capstone Imprint
1710 Roe Crest Drive
North Mankato, MN 56003
www.capstonepub.com

Library of Congress Cataloging-in-Publication Data
Dahl, Michael.
  [Hot, hotter, hottest. Spanish & English]
  Caliente, más caliente, muy caliente : animales que se
adaptan a climas calientes / por Michael Dahl ; ilustrado por
Brian Jensen = Hot, hotter, hottest : animals that adapt to great
heat / by Michael Dahl ; illustrated by Brian Jensen.
     p. cm.—(Picture window bilingüe. Los extremos y los
animales = Bilingual picture window. Animal extremes)
  Includes index.
  Summary: "Describes some animals that live survive in
extreme heat, who lounge in the shade or burrow in the sand—in
both English and Spanish"—Provided by publisher.
  ISBN 978-1-4048-7318-6 (library binding)
 1. Heat adaptation—Juvenile literature. I. Jensen, Brian, ill. II.
Title. III. Title: Hot, hotter, hottest.
QH543.2.D34418 2012
591.4'2—dc23   2011028284

Printed in the United States of America in North Mankato, Minnesota.
102011   006405CGS12

Animals live everywhere. They fly over the highest mountains and swim in the deepest oceans. They run over the hottest deserts and dive into the coldest waters.

Try to stay cool as you read about animals that survive extreme heat. Watch the numbers on the thermometer rise as you turn each page.

Los animales viven en todas partes. Ellos vuelan sobre las montañas más altas y nadan en los océanos más profundos. Ellos corren por los desiertos más calientes y se sumergen en las aguas más frías.

Trata de mantenerte fresco mientras lees acerca de animales que sobreviven calores extremos. Mira cómo suben los números del termómetro mientras das vuelta cada página.

3

Pft-pft-pft-pft

4

A monarch butterfly flies through many different temperatures on its way to Mexico for the winter. It survives 88°F.

_____

Una mariposa monarca vuela a través de varias temperaturas diferentes en su viaje a México para pasar el invierno. Sobrevive temperaturas de 88°F.

Can any animal exist in a hotter climate?

¿Puede algún otro animal existir en un clima más caliente?

°F

160
140
120
100
80
60
40
20
0
-20
-40
-60

°C

70
60
50
40
30
20
10
0
-10
-20
-30
-40
-50

88° F
31° C

Yes! The red-spotted toad can! It crawls beneath rocks to hide from the 90°F heat in Mexico.

¡Sí! ¡El sapo manchado puede hacerlo! Se arrastra debajo de rocas para esconderse del calor de 90°F en México.

Can any animal exist in a hotter climate?

¿Puede algún otro animal existir en un clima más caliente?

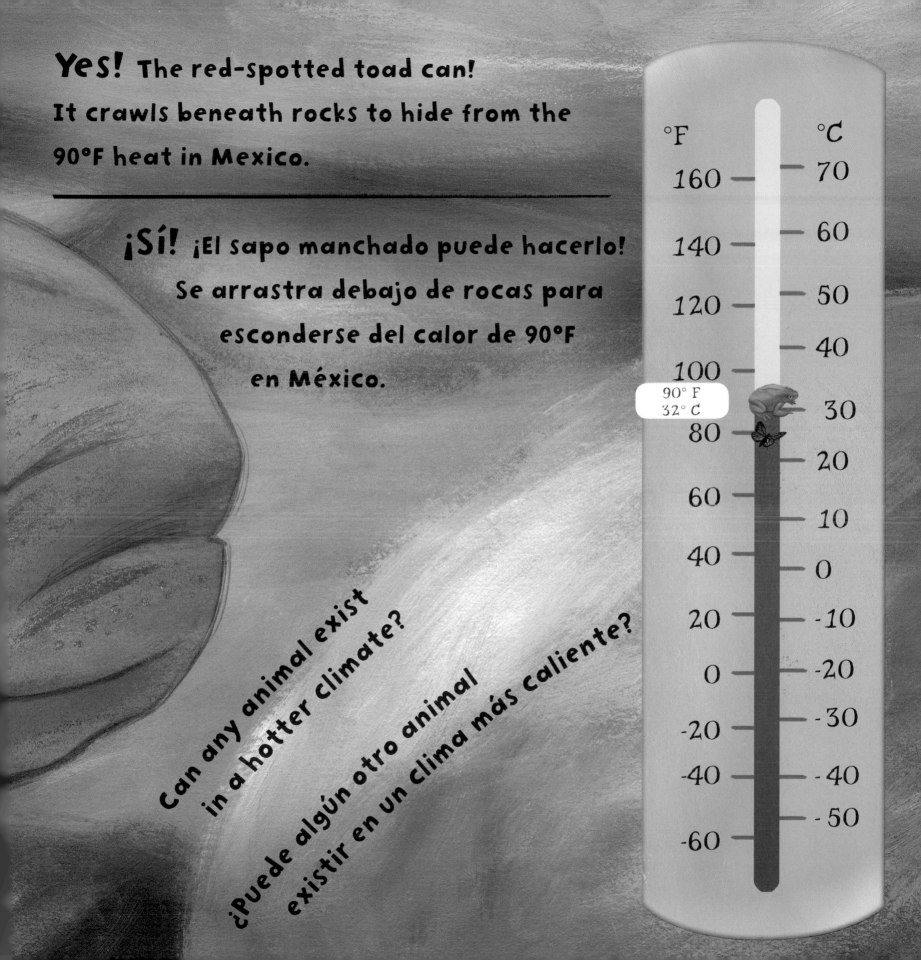

°F

160

140

120

100

90° F
32° C

80

60

40

20

0

-20

-40

-60

°C

70

60

50

40

30

20

10

0

-10

-20

-30

-40

-50

Yes! The fennec fox can! It only leaves
its burrow in northern Africa at night.
It survives 95°F.

¡Sí! ¡El fénec puede hacerlo! Solo deja su
madriguera en el norte de África durante
la noche. Sobrevive temperaturas de 95°F.

Can any animal exist
in a hotter climate?

¿Puede algún otro animal
existir en un clima más caliente?

°F

160

140

120

100

95° F
35° C

80

60

40

20

0

-20

-40

-60

°C

70

60

50

40

30

20

10

0

-10

-20

-30

-40

-50

Yes! The burrowing owl can! It survives 98°F as it stands guard over its home in Mexico.

¡Sí! ¡El mochuelo de madriguera puede hacerlo! Sobrevive a 98°F mientras hace guardia sobre su hogar en México.

Can any animal exist in a hotter climate?

¿Puede algún otro animal existir en un clima más caliente?

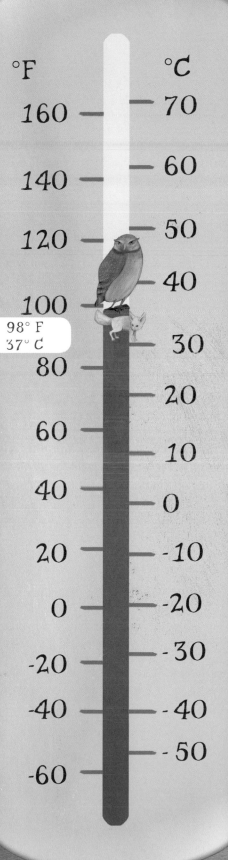

°F | °C
160 — — 70
140 — — 60
120 — — 50
— 40
100 —
98° F
37° C
80 — — 30
— 20
60 — — 10
40 — — 0
20 — — -10
0 — — -20
-20 — — -30
-40 — — -40
— -50
-60 —

Yes! The antelope jackrabbit can! It sits in the cool shade of a cactus in the Sonoran Desert in Arizona. It survives 100°F.

¡Sí! ¡La liebre de cola negra puede hacerlo! Se sienta en la sombra fresca de un cactus en el Desierto Sonora en Arizona. Sobrevive a 100°F.

Can any animal exist in a hotter climate?

¿Puede algún otro animal existir en un clima más caliente?

°F   °C

160   70

140   60

120   50

100   40

100° F
38° C

80   30

60   20

      10

40   0

20   -10

0   -20

-20   -30

      -40

-40   -50

-60

Yes! A long-tailed pocket mouse can! During the day, it burrows to survive 115°F heat of the Mojave Desert.

¡Sí! ¡El ratón de abazones colilargo puede hacerlo! Durante el día cava para sobrevivir el calor de 115°F del Desierto Mojave.

Can any animal exist
in a hotter climate?

¿Puede algún otro animal
existir en un clima más caliente?

°F

160

140

120

115° F
46° C

100

80

60

40

20

0

-20

-40

-60

°C

70

60

50

40

30

20

10

0

-10

-20

-30

-40

-50

Yes! The male Bactrian camel can! It survives 140°F. It grinds its teeth and puffs its cheeks to attract a mate in the Gobi Desert.

¡Sí! ¡El camello bactriano macho puede hacerlo! Sobrevive a 140°F. Rechina los dientes y resopla sus mejillas para atraer a una hembra en el Desierto Gobi.

Can any animal exist
in a hotter climate?

¿Puede algún otro animal
existir en un clima más caliente?

°F
160
140° F
60° C
140
120
100
80
60
40
20
0
-20
-40
-60

°C
70
60
50
40
30
20
10
0
-10
-20
-30
-40
-50

Yes! The Pompeii worm can! It slides inside its tube deep in the Pacific Ocean to hide from the hot gas of a hydrothermal vent. It survives 176°F.

¡Sí! ¡El gusano de Pompeya puede hacerlo! Se desliza dentro de su tubo en la profundidad del Océano Pacífico para esconderse del gas caliente de una fuente hidrotermal. Sobrevive a 176°F.

Can any animal exist
in a hotter climate?

¿Puede algún otro animal
existir en un clima más caliente?

176° F
80° C

°F

160

140

120

100

80

60

40

20

0

-20

-40

-60

°C

70

60

50

40

30

20

10

0

-10

-20

-30

-40

-50

Perhaps. Who knows what could exist in hotter climates?

Quizás. ¿Quién sabe qué podría existir en climas más calientes?

Extreme Fun Facts
Datos de extremos

The most heat-tolerant animal known on Earth is the Pompeii worm.

El animal más tolerante al calor en la Tierra es el gusano de Pompeya.

Pompeii worm/
gusano de Pompeya

A Bactrian camel can go several weeks without any water.

Un camello bactriano puede vivir varias semanas sin agua.

Bactrian camel/
camello bactriano

The long-tailed pocket mouse does not drink water. It gets its water from the green plants it eats.

El ratón de abazones colilargo no bebe agua. Él obtiene su agua de las plantas verdes que come.

long-tailed
pocketmouse/
ratón de abazones
colilargo

Antelope jackrabbits use their long ears to cool off. Their body heat escapes through blood vessels close to the skin in their ears.

Las liebres de cola negra usan sus orejas largas para refrescarse. El calor de su cuerpo se escapa a través de los vasos sanguíneos cerca de la piel en sus orejas.

antelope jackrabbit/
liebre de cola negra

The burrowing owl makes its nest underground instead of in trees.

El mochuelo de madriguera hace su nido debajo de la tierra en vez de árboles.

burrowing owl/
mochuelo de madriguera

divertidos

The fennec fox has fur on the bottom of its feet to help protect it from hot sand.

El fénec tiene pelaje debajo de sus pies para protegerlo de la arena caliente.

The color of a red-spotted toad often matches its background. No matter what color the toad is, it always has little red bumps.

El color del sapo manchado a menudo cambia de acuerdo a su medioambiente. Sin importar de qué color el sapo es, siempre tiene bultitos rojos.

While migrating, the monarch butterfly can cover 80 miles (128 kilometers) a day! The longest recorded flight of a monarch butterfly is more than 3,000 miles (4,800 kilometers).

Mientras migra, la mariposa monarca puede cubrir ¡80 millas (128 kilómetros! por día! El vuelo más largo registrado de una mariposa monarca fue de más de 3,000 millas (4,800 kilómetros).

fennec fox /
fénec

red-spotted toad /
sapo manchado

monarch butterfly /
mariposa monarca

Glossary

burrow—a hole or tunnel in the ground made by an animal, usually for its home

cactus—a plant covered in spines that is found in desert areas

grind—to press down and rub

hydrothermal vent—a hole on the ocean floor that releases extremely hot water

migrating—to travel regularly from one place to another in autumn and spring

protect—to keep safe from danger

survive—to stay alive

thermometer—a tool for measuring temperature

tolerant—ability to put up with something

Glosario

el cactus—una planta cubierta de espinas que se encuentra en áreas del desierto

la fuente hidrotermal—un agujero en el piso del océano que libera agua extremadamente caliente

la madriguera—un agujero o túnel en el suelo hecho por un animal, generalmente para su hogar

migrar—viajar regularmente de un lugar a otro en otoño o primavera

proteger—mantener seguro del peligro

rechinar—presionar hacia abajo y frotar

sobrevivir—permanecer vivo

el termómetro—una herramienta para medir temperatura

tolerante—habilidad para soportar algo

Internet Sites

FactHound offers a safe, fun way to find Internet sites related to this book. All of the sites on FactHound have been researched by our staff.

Here's all you do:

Visit *www.facthound.com*

Type in this code: 9781404873186

Check out projects, games and lots more at
www.capstonekids.com

Sitios de Internet

FactHound brinda una forma segura y divertida de encontrar sitios de Internet relacionados con este libro. Todos los sitios en FactHound han sido investigados por nuestro personal.

Esto es todo lo que tienes que hacer:

Visita *www.facthound.com*

Ingresa este código: 9781404873186

Hay proyectos, juegos y mucho más en
www.capstonekids.com